PARÁBOLA
en dos minutos

Escrito por
Elena Pasquali
Ilustrado por
Nicola Smee

LIBROS DESAFÍO.

Contenido

El sembrador   6

El comerciante de perlas   10

Construir una torre   14

El hombre que debía dinero   18

El rico insensato   22

El amigo a la medianoche   26

Las diez damas de honor   30

El gran banquete   34

El hijo que huyó de casa   38

Los obreros de la viña   42

El sembrador

Cuando la gente se acercaba a Jesús, era común que les contase historias.

En una ocasión, les dijo: «Había una vez un hombre que salió al campo a sembrar. Caminó por todo el campo, de un lado a otro, echando las semillas en la tierra.

Algunas cayeron en el camino. Las aves llegaron y se las comieron.

Algunas cayeron entre las piedras. Las semillas crecieron rápidamente pero sus raíces no eran profundas.

Entonces, cuando el sol salió, las semillas se secaron.

Algunas semillas cayeron entre plantas espinosas. Crecieron rápido, pero las semillas no pudieron alcanzar la luz del sol. Así que, se secaron.

Otras semillas cayeron en buena tierra. Crecieron y produjeron una buena cosecha».

pic pic pic

pop

Era una buena historia, pero incluso los amigos de Jesús no la entendieron. «¿Qué significa la historia?» —preguntaron.

«Se trata de la gente que viene a escucharme» —dijo Jesús. «Algunos son como las semillas del camino. Oyen mis palabras, pero luego no se acuerdan de nada. Es como si el viento se hubiese llevado mis palabras».

¡Adiós!

No entiendo

«Otros son como las semillas que cayeron entre las piedras. Oyen lo que dije. Tratan de obedecer. Pero se desaniman muy pronto».

«Otros son como las semillas entre las plantas espinosas. También tratan de obedecer mis palabras. Pero, las preocupaciones de la vida los distraen».

¡Qué hago! ¡No tengo dinero!

Compartamos

«Otros son las semillas que caen en buena tierra. Escuchan mis palabras y las obedecen. Sus vidas muestran buenas obras».

El comerciante de perlas

Jesús dijo: «Lo más importante del mundo es ser amigo de Dios».
«¿Qué harías si algo es muy importante?»
«Escucha esta historia».

perlas rosadas

perlas negras

«Había una vez un comerciante de perlas. Viajaba por todo el mundo en búsqueda de las mejores perlas.

perlas blancas

perlas azules

«Un día, tuvo la oportunidad de comprar una perla increíble.

Era enorme.

Era blanca y reluciente.

Era una esfera perfecta.

Era muy costosa.

El comerciante se dio cuenta que era la perla más valiosa de todo el mundo».

¡Tengo que comprarla!

«Entonces, vendió todas las demás perlas que tenía. Luego, compró la perla increíble, la que le gustaba muchísimo».

SE VENDE

¡Uy!

¡Ah!

Construir una torre

La multitud se acercó a escuchar a Jesús.
«¿Realmente quieren seguirme?» —les preguntó.
«Deben, entonces, amarse unos a otros».
«Deben perdonar las ofensas que otros cometan contra ustedes».
«No será fácil».
La multitud se preguntaba si seguir a Jesús sería una buena idea.

No estoy seguro

Hmm...

14

«Es como tener una gran idea» —dijo Jesús.
«Imagínense que alguien desea construir una torre».

¡Será la más alta del mundo!

«Primero, debe calcular cuánto dinero costará».

obreros

madera

ladrillos

«Si no lo hace, quizá se le acabe el dinero.
La torre quedará a medio construir.
Todos verán que fue un tonto
por no haber calculado bien.
Y se reirán de él».

Ja ja ja

El hombre que debía dinero

¡Qué amable!

Un día, uno de los amigos de Jesús, llamado Pedro, se le acercó para hacerle una pregunta.

«Si alguien me sigue maltratando, ¿cuántas veces tendré que perdonarlo? ¿Será suficiente si lo perdono siete veces?»

«¡No es suficiente!» —le dijo Jesús. «Debes perdonar setenta veces multiplicado por siete».

Jesús contó esta historia.

«Había una vez un rey que había prestado dinero a sus sirvientes. Y ahora quería saber cuánto dinero le debían.

Uno de ellos le debía varios millones.

"Ten paciencia, no puedo pagarte" —dijo uno de los sirvientes.

"¿Que no puedes pagarme...?" —dijo el rey. "Entonces, te venderé como esclavo. Y venderé también a tu familia si es necesario".

"Por favor, no lo hagas, ten paciencia conmigo" —rogó el sirviente.

"De acuerdo... te perdonaré la deuda» —dijo el rey.

¡Arrodíllate!

Buaa buaa

¡Zas!

Ten paciencia

«El sirviente salió de la presencia del rey. Sabía que había sido muy afortunado y que se había librado de un gran problema.

De pronto, vio a otro sirviente del rey. "¡Ese hombre me debe dinero!" —gritó. Corrió hacia él y lo agarró del brazo.

"Págame todo lo que me debes. Págame ahora mismo".

El segundo sirviente estaba sorprendido.

"Te ruego que me des más tiempo para pagarte" —le rogó».

«El primer sirviente no tuvo misericordia. Denunció al segundo sirviente y éste terminó en la cárcel».

«Mientras tanto, el rey se enteró de lo sucedido. Ordenó que el primer sirviente se presentara delante de él.

"Te perdoné una cantidad increíble de dinero. Debiste haber perdonado a tu compañero. Pero, como no lo hiciste, ¡a la cárcel irás!"»

«Y eso es lo que Dios hará si ustedes no perdonan a los demás sus ofensas» —dijo Jesús.

21

El rico insensato

Un día, de entre la multitud un hombre preguntó a Jesús.
«Sé que eres justo y sincero. Quisiera que hablaras con mi
hermano y le dijeras que es injusto. Dile que comparta el dinero
que nuestro padre nos dejó de herencia».

«No me competen esos asuntos» —respondió Jesús.

¿Dónde pondré toda
esta cosecha?

Luego, habló con la multitud.

«Cuidado con la ambición por el dinero. Lo más importante de esta vida no son las cosas que uno tiene».

Les contó una historia.

«Había una vez un hombre que tenía un terreno de cultivo que producía buenas cosechas.

"Ya no hay espacio en mis graneros para toda esta cosecha" —dijo».

«Entonces, se le ocurrió una idea.

"Demoleré el antiguo granero y construiré uno más grande".

"Así tendré riquezas para siempre".

"Y podré disfrutar de la vida"».

¡A comer, a beber y a disfrutar de la vida!

«Pero, se le olvidó que nadie es eterno. Justo cuando pensaba que ahora sí era muy rico... murió. Otra persona heredó todo su dinero. Así sucedieron las cosas. Por eso, no hagan del dinero lo más importante de la vida. Más bien, deseen ser amigos de Dios».

¡Impresionante! ¡Cuántos granos!

El amigo a la medianoche

Jesús oraba mucho. Sus amigos le pidieron que les enseñe a orar.

«Oren a Dios como si fuera su padre» —les dijo.

«Díganle a Dios que desean que todos lo amen y lo obedezcan.

Pídanle a Dios que les dé ánimo.

Pídanle a Dios que los perdone por lo malo que han hecho.

Pídanle a Dios que los proteja de todas las cosas malas».

Padre nuestro,
que estás en
los cielos...

Luego, les contó una historia.

«Había una vez un hombre que estaba por irse a dormir y cerraba la puerta de su casa. De pronto, escuchó que alguien tocaba su puerta. ¿Quién será?».

toc toc toc

«Era uno de sus amigos que estaba de viaje y pasaba por allí».

"¿Puedo pasar la noche aquí?" —preguntó.

"Claro que sí" —dijo el hombre. "Gracias".

«Fue a la cocina. ¿Qué comida podría ofrecerle a su amigo?»

¡Nada!

«Entonces, fue a la casa del vecino y tocó su puerta varias veces.

Finalmente, el vecino se asomó por la ventana. "¡No molestes! Ya todos estamos en cama" —se quejó».

TOC TOC TOC

«"Pero necesito algo de comida para mi amigo" —respondió.

El vecino, entonces, se levantó y juntó una canasta llena de comida.

Recuerden que incluso un vecino gruñón les dará comida si se lo piden varias veces —les dijo Jesús.

Dios responderá las oraciones que ustedes le dirijan».

¡Buen provecho!

Las diez damas de honor

Jesús le preguntó a la multitud: «¿Quieren ser amigos de Dios?»

«Deben estar preparados todo el tiempo, porque nadie sabe cuándo vendrá Dios para encontrarse con cada uno de ustedes».

«Había una vez diez damas de honor.

He traído más aceite en caso se demore el novio

No será necesario

Tenían como tarea dar la bienvenida al novio.

Anticipaban su llegada al anochecer. Las damas de honor encendieron sus lámparas mientras esperaban al novio.

Pasó una hora... dos horas.

Las damas de honor empezaron a cansarse.

Algunas se dormían.

Un grito las despertó.

¡Ya viene, ya viene! ¡Prepárense todas!

Las damas de honor saltaron todas de sorpresa. Las cinco que habían llevado más aceite, llenaron sus lámparas para que brillaran más.

Las otras cinco ya casi no les quedaba aceite en sus lámparas.

"¿Nos pueden dar un poco de aceite?" –preguntaron.

Vamos a comprar más aceite

¿Nos prestan un poco de aceite?

No nos queda nada

Esas cinco damas fueron corriendo a comprar más aceite. Mientras tanto, el novio llegó.

Las cinco damas precavidas levantaron sus lámparas para dar la bienvenida al novio y lo siguieron hasta la fiesta.

Cuando las otras cinco damas regresaron, ya era demasiado tarde, ni siquiera las dejaron entrar a la fiesta».

«Así que, deben estar siempre preparados para recibir a Dios» —dijo Jesús.

El gran banquete

Una vez, Jesús fue a un banquete. «Todo se ve bien» —dijo el hombre sentado al lado de Jesús— «¡pero el banquete que Dios dará a sus amigos será sorprendente!»

Jesús contó una historia.

¡Todo listo!

«Había una vez un hombre que decidió celebrar una gran fiesta. Envió a su mensajero para que pregunte a sus amigos si podían venir. Luego, empezó a organizar la celebración.

El día de la fiesta, el mensajero fue a donde los invitados y les recordó el evento.

Uno tras otro fueron dando excusas.

¡Ah, cierto!

"Acabo de comprar un terreno y tengo que visitarlo".

Lo lamento

"He comprado dos bueyes y tengo que verlos".

Se me olvidó

"Me acabo de casar y no puedo ir".

El hijo que huyó de casa

Dame mi herencia

Algunos se quejaban de Jesús. «No sabe elegir sus amigos. Se junta con la clase equivocada de gente» —decían.

Jesús contó una historia.

«Había una vez un hombre que tenía dos hijos. El más joven detestaba la granja. Quería abandonar todo e irse a la ciudad.

"Por favor, dame la herencia que me corresponde" —dijo.

"Será tuya cuando yo muera" —dijo el padre.

El joven no quería esperar ni un día más.

¡Adiós!

Tra la la

El padre suspiró y le dijo que sí. El joven vendió la tierra que ahora era suya. Con dinero en mano, se marchó a una lejana ciudad. Allí se divertía de día y de noche.

De pronto, las cosechas se dañaron y los precios de los alimentos subieron.

El joven se había dado la gran vida. Pero, ahora no le quedaba nada de dinero.

Tuvo que empezar a trabajar. Lo único que pudo conseguir fue de cuidador de cerdos.

"Me siento muy triste" —lloraba. "Y tengo tanta hambre que me comería la comida de los cerdos".

Entonces, se le ocurrió una idea.

"Iré de regreso a mi padre y le pediré perdón. Le diré que me contrate como uno de sus sirvientes".

glup glup

oinc oinc

¡Yeeeee!   ¡Está vivo!

Empezó el largo viaje de regreso a casa. Todavía estaba en el camino, cuando su padre lo vio a lo lejos... y fue corriendo hacia el joven.

"¡Hijo mío! ¡Has regresado!" —le dijo.

"Perdóname por lo que hice" —dijo el joven.
"Por favor, considérame uno de tus sirvientes"

"Pero, te amo, hijo mío" —dijo el padre. Llamó a sus sirvientes y les dijo: "Apúrense, traigan ropas nuevas para mi hijo...y preparen una fiesta. Vamos a celebrar su retorno"».

Los obreros de la viña

Jesús dijo: «Cuando Dios reciba a sus amigos en su reino, sucederá de esta manera».

Buen pago

Les contó esta historia.

«Había un hombre que tenía una viña. Las uvas estaban maduras y necesitaba obreros para la cosecha.

Temprano en la mañana fue a la plaza y contrató algunos obreros. "Les pagaré una moneda de plata por un día de trabajo" —les dijo. Los obreros aceptaron el trato.

A las nueve de la mañana, el hombre se dio cuenta que necesitaría más obreros. Así que, fue y contrató otros más.

¡Trato hecho!

Una moneda de plata a cada uno

Hizo lo mismo al mediodía, a las tres de la tarde... y a las cinco.

Al final del día, todos fueron a cobrar su pago.
  Los que trabajaron menos horas recibieron una
moneda de plata. Los que trabajaron más horas
esperaban recibir más. Pero, ellos también recibieron una
moneda de plata.

"¡Hemos trabajado desde la mañana!" —Se quejaron. "Hizo mucho calor durante el día. Pero no paramos de trabajar. El otro grupo trabajó solamente una hora".

"He sido justo" —dijo el hombre. "Les he pagado lo que habíamos acordado"».

¡Gracias!

¡Qué injusto!

Jesús también les contó esta historia acerca del reino de Dios.

«Es como una pequeña semilla que casi no se puede ver» —les dijo.

«Pero, una vez sembrada, crece hasta convertirse en un gran árbol. Y allí llega toda clase de aves y en las ramas hacen sus nidos».

co cú

tuit tuit

cua cua